escola - sukuu	2
viatge - akwantuo	5
transport - ɛhyɛn	8
ciutat - kuropɔn	10
paisatge - asaase	14
restaurant - adidibea	17
supermercat - dwakɛseɛmu	20
begudes - nsa	22
menjar - aduane	23
granja - afuo	27
casa - efie	31
sala d'estar - ɛdan a wɔtena mu	33
cuina - gyaade	35
bany - adwareɛ	38
cambra de nen - abɔfra dan mu	42
roba - ataadeɛ	44
oficina - ɔfise	49
economia - sikasem	51
oficis - nnwuma ahodoɔ	53
eines - akadeɛ	56
instrument de música - mfidie a wɔde bɔ nnwom	57
zoo - mmoakurabea	59
esports - agokansie	62
activitats - dwumadie ahodoɔ	63
família - abusua	67
cos - nipadua	68
hospital - asopiti	72
urgència - putupru	76
terra - Ewiase	77
rellotge - mmerɛ kyerɛfoɔ	79
setmana - nnawɔtwe	80
any - afe	81
formes - bɔbea	83
colors - ahosuo	84
oposats - abirabɔ	85
nombres - nɔma	88
llengües - kasa ahodoɔ	90
qui / què / com - hwan/aden/ sɛn	91
on - hefa	92

Impressum
Verlag: BABADADA GmbH, Nedderfeld 112 , 22529 Hamburg
Geschäftsführer / Verlagsleitung: Harald Hof
Druck: Books on Demand GmbH, In de Tarpen 42, 22848 Norderstedt

Imprint
Publisher: BABADADA GmbH, Nedderfeld 112 , 22529 Hamburg, Germany
Managing Director / Publishing direction: Harald Hof
Print: Books on Demand GmbH, In de Tarpen 42, 22848 Norderstedt

escola
sukuu

- dividir — kyɛmu
- classe — adesua dan mu
- tauler — bɔɔdo
- pati (de l'escola) — sukuu asaase
- professor — ɔkyerɛkyerɛni
- paper — krataa
- escriure — twerɛ
- estilogràfica — twerɛdua
- escriptori — pono
- regle — susudua
- llibre — nwoma
- estudiant — sukuuni

bossa
baage

estoig
adeɛ wɔde twerɛdua hyɛ mu

llapis
twerɛdua

maquineta de fer punta
adea wɔde sensene twerɛdua ano

goma
rɔba

bloc de dibuix
drɔɔwin nkrataa

dibuix
drɔɔwin

pinzell
adeɛ a wɔde bɔ akaadoo mu

capsa de pintures
akaadoo adaka

tisores
apasoɔ

cola
aduro a wɔde sɔ nnooma bɔ mu

quadern d'exercicis
krataa wɔyɛ dwumadie wɔ mu

deures
efie adwuma

nombre
nɔma

afegir
ka bom

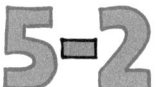

sostreure
te frim

multiplicar
fabaho

calcular
bo ho nkonta

lletra
atwerɛdeɛ

alfabet
atwerɛdeɛ

mot
asɛm

escola - sukuu

		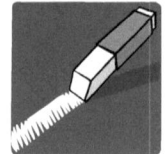
text atwerɛ	llegir kan	guix chalk
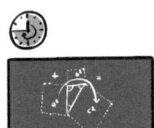		
lliçó adesua	llibre de classe krataa a din ahodoɔ wɔ mu	examen nsɔhwɛ

certificat nimdeɛ krataa	uniforme escolar sukuu ataadeɛ	formació adesua

enciclopèdia encyclopedia	universitat suapon kɛseɛ	microscopi afidie a wɔde hwɛ adeɛ aniwa ntumi nhunu
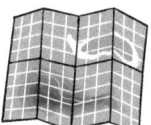		
mapa asaase mfonin a ɛwɔ krataa so	paperera kɛntɛn a wɔde krataa na ayɛ a wɔde nwura gu mu	

escola - sukuu

viatge
akwantuo

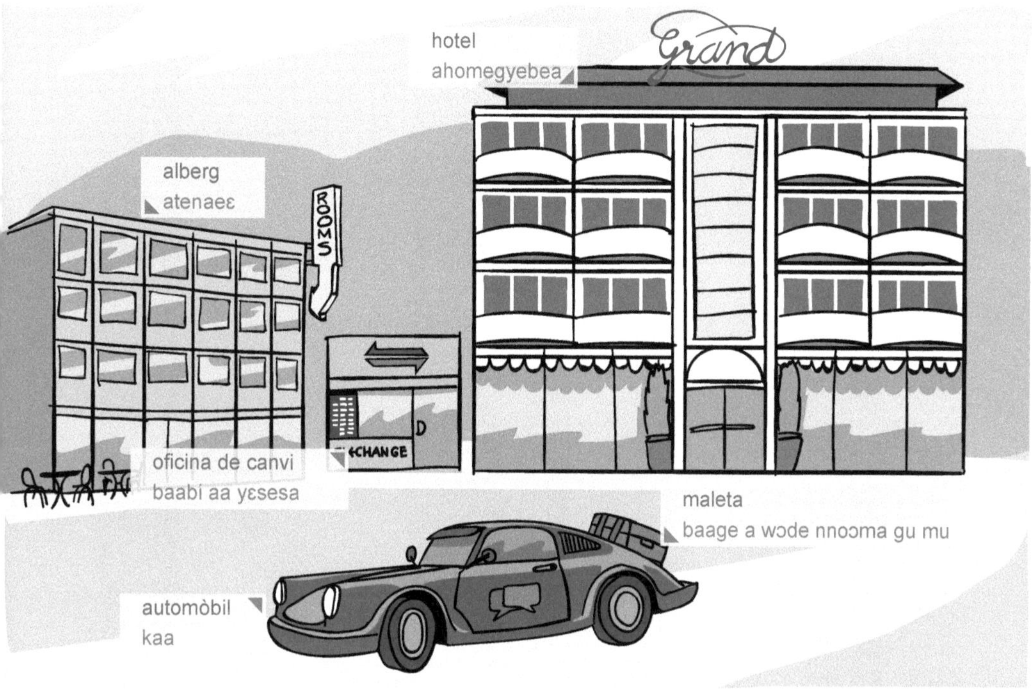

hotel
ahomegyebea
Grand
alberg
atenaeɛ
ROOMS
oficina de canvi
baabi aa yɛsesa
maleta
baage a wɔde nnoɔma gu mu
automòbil
kaa

llengua
kasa

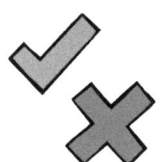

sí / no
aane / daabi

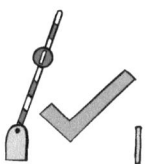

D'acord
Yoo

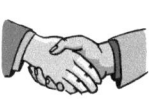

salut
hɛlo

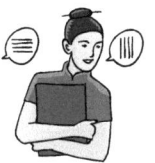

traductor
deɛ wɔkyerɛkyerɛ kasa ase

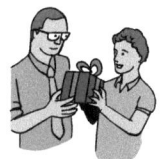

gràcies
Medaase

Quant costa... ?
... ɛyɛ sɛn?

No entenc
Menteaseɛ

problema
ɔhaw

Bona nit!
Maadwo!

bon dia!
Maakye!

bona nit!
Da yie!

fins aviat
nante yie

direcció
akwankyerɛ

bagatge
nnooma a wɔde tu kwan

bossa
kotokuo

sarrona
baage a yɛde bɔ yakyi

convidat
ɔhɔhoɔ

cambra
danmu

sac de dormir
bag a yɛda mu

tenda
ntomadan

viatge - akwantuo

oficina de turisme

adesrafoɔ nsɛm

platja

po ano

carta de crèdit

krɛdit kaade

esmorzar

anopa aduane

dinar

awia aduane

sopar

anwumerɛ aduane

bitllet

tikiti

ascensor

pagya

segell

agyinahyɛdeɛ

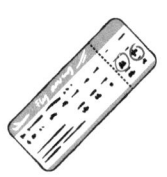

frontera

ɛhyeɛ

duana

adwumayɛfoɔ a wɔgyina
aman mmienu hyeɛ so

ambaixada

ɔman bi asoeɛ

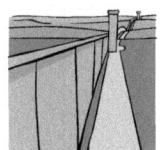

visat

akwantuo krataa

passaport

akwantuo krataa

viatge - akwantuo

transport
ɛhyɛn

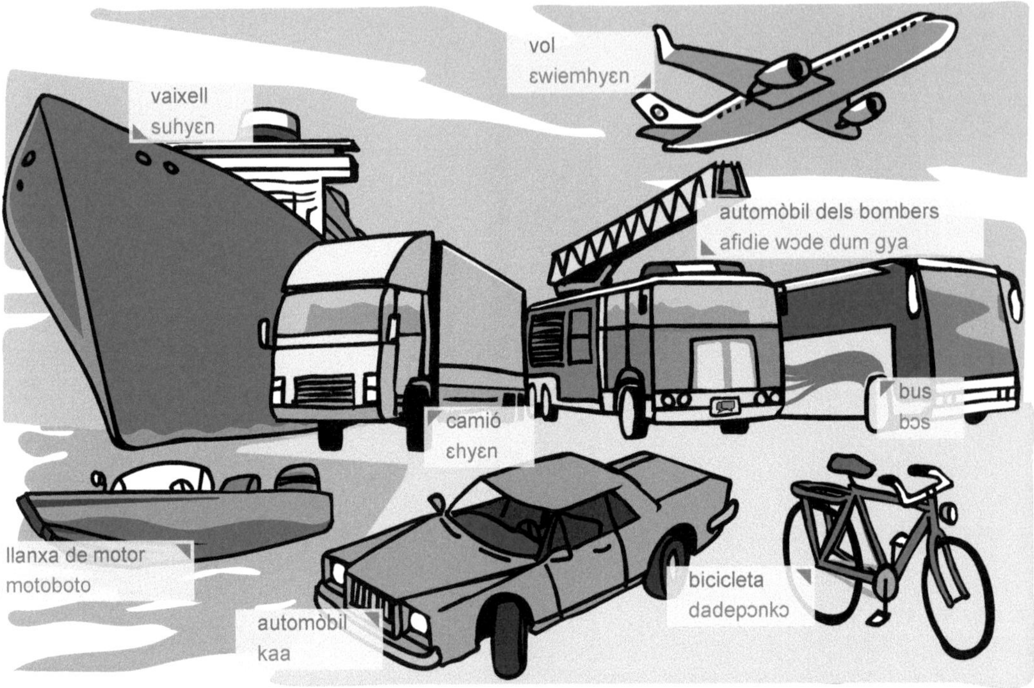

vol
ɛwiemhyɛn

vaixell
suhyɛn

automòbil dels bombers
afidie wɔde dum gya

bus
bɔs

camió
ɛhyɛn

llanxa de motor
motoboto

bicicleta
dadepɔnkɔ

automòbil
kaa

transbordador
subonto

barca
suhyɛn

moto
dadepɔnkɔ

automòbil de policia
apolisifoɔ kaa

automòbil de curses
kaa a wɔde si akan

automòbil de lloguer
hyɛn aa yɛ hain

vehicle compartit

kaa a wɔde ma obi de di dwuma

grua

kaa a wɔde twe ɛhyɛn a asɛe

camió de les escombraries

bɔɔla kaa

motor

moto

benzina

ngo

benzineria

beaɛ a wotɔn pɛtro

senyal de trànsit

trafik ahyɛnsodeɛ

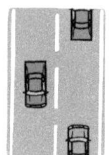

trànsit

trafik

embús

ɛhyɛn ntumi nkɔ ntɛm

aparcament

kaa gyinabea

estació de trens

keteke steshin

vies

ketekye kwan

tren

ketekye

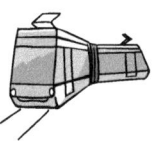

tramvia

ketekye

vagó

afidie a wɔtena mu wɔ wiem tu kwan

helicòpter	aeroport	torre
ewiemhyɛn	dadeɛanoma gyinabea	dan tentene

passatger	contenidor	capsa de cartó
obi a wɔforo hyɛn	adaka	adaka

  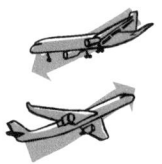

carretó	cistella	enlairar-se / aterrar
teaseɛnam	kɛntɛn	tu / si fam

ciutat
kuropɔn

poble	centre de la ciutat	casa
akurase	kuropɔn hyiabea	efie

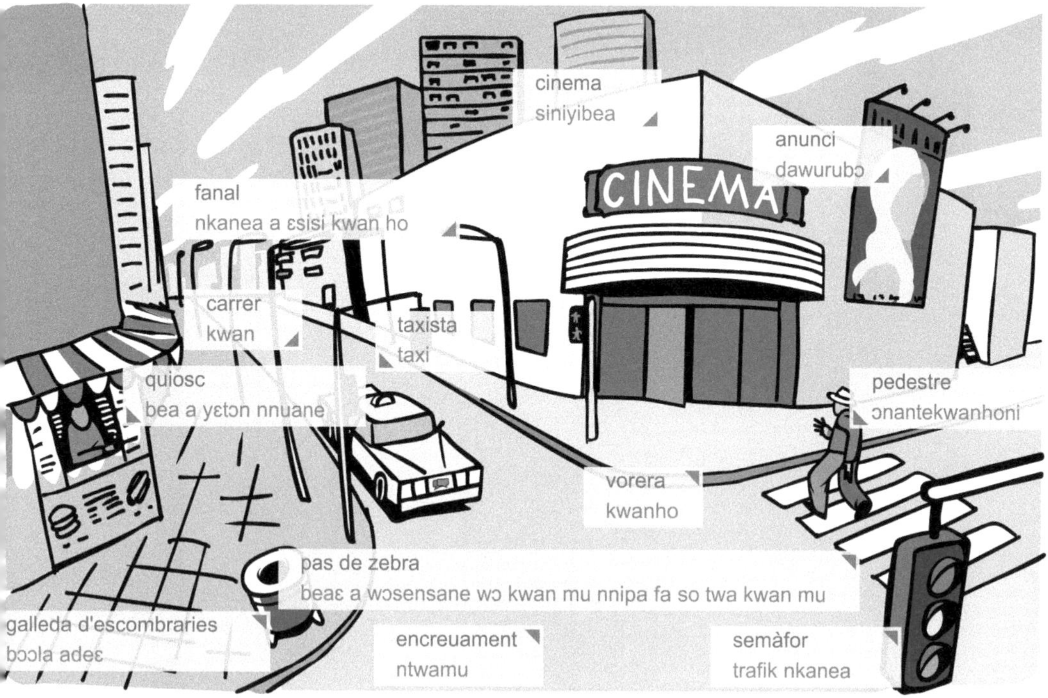

cinema
siniyibea

anunci
dawurubɔ

fanal
nkanea a ɛsisi kwan ho

carrer
kwan

taxista
taxi

quiosc
bea a yɛtɔn nnuane

pedestre
ɔnantekwanhoni

vorera
kwanho

pas de zebra
beaɛ a wɔsensane wɔ kwan mu nnipa fa so twa kwan mu

galleda d'escombraries
bɔɔla adeɛ

encreuament
ntwamu

semàfor
trafik nkanea

cabana

ntaabodan

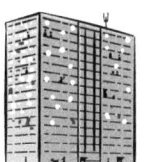

apartament

tenabea

estació de trens

keteke steshin

casa de la vila-ciutat

kurom nhyiadanmu

museu

mesiɔm

escola

sukuu

ciutat - kuropɔn

universitat

suapon kɛseɛ

banca

sikakorabea

hospital

asopiti

hotel

ahomegyebea

farmàcia

beaɛ a wɔtɔn nnuro

oficina

ɔfise

llibreria

beaɛ a wɔtɔn nwoma

botiga

beaɛ a wɔtɔn adeɛ

floristeria

nhwiren kuani

supermercat

dwakɛseɛmu

mercat

dwamu

gran magatzem

asoeɛ sotɔɔ

peixateria

nnam tɔnfo

centre comercial

adetɔ beae

port

suhyɛn gyinabea

ciutat - kuropɔn

parc

agodibea

banc

akonnwa

pont

nsamsɔɔ

escala

adeɛ wɔee foro aborosan

metro

asaasease

túnel

tɔkuro a w'atu no asaase mu de ayɛ kwan

baixada d'autobús

ɛhyɛn gyinabea

bar

nsanombea

restaurant

adidibea

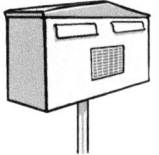

bústia de correu

krataa adaka

senyal indicador

kwan ahyɛnsodeɛ

parquímetre

kaagyinaho meta

zoo

mmoakurabea

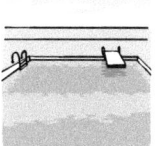

piscina

nsuo a wɔdware mu

mesquita

masalakyi

ciutat - kuropɔn

granja
afuo

pol·lució
ewiem sɛɛɛ

cementiri
nsamanpɔ mu

església
asore

parc infantil
agodibea

temple
hyiadan

paisatge
asaase

- fulla — ahaban
- cartell indicador — akyerɛkyerɛkwan
- camí — kwan
- prat — sare asaase
- pedra — boba
- arbre — dua
- excursionista — pipo so foronii
- riu — asubɔntene
- gespa — nsensan
- flor — nhwiren

paisatge - asaase

vall
ɛbɔn

muntanya
bepɔ

llac
sutadeɛ

bosc
kwaeɛ

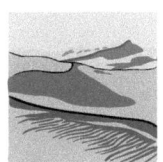
desert
ɛserɛ so

volcà
egya a ɛfiri bepɔ mu ba

castell
ahenfie

arc de Sant Martí
nyankontɔn

bolet
mmire

palmera
abɛdua

moscard
ntontom

mosca
wasena

formiga
ntatea

abella
wowa

aranya
ananse

paisatge - asaase

escarabat
kukurubibi

granota
apɔnkyerɛnee

esquirol
opuro

eriçó
kotoko

llebre
adanko

òliba
patuo

ocell
anomaa

cigne
dabodabo

senglar
kɔkɔte

cervo
wansane

ant
torɔm

presa
sutadeɛ

turbina
mframa tɛɛbain

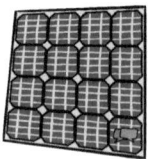

panell solar
adeɛ ɛtwe anyinam ahoden
firi awia mu

clima
ewiem

paisatge - asaase

restaurant
adidibea

cambrer
barima a wɔsom wɔ beaɛ a wɔtɔn aduane

menú
aduane ahodoɔ wɔtɔn

cadira
akonwa

sopa
nkwan

pizza
pizza

coberts
atere ne nsikan a wɔde didie

tovalla
ntoma a wɔde kata ɛpono so

primer plat
ahyɛasɛɛ

plat principal
aduane titriw

darreries
nnɔkɔnnɔkwade

begudes
nsa

menjar
aduane

ampolla
toa

restaurant - adidibea

menjar ràpid
aduane wɔyɛ no ɔhare so

menjar de carrer
aduana a ɛyɛ kwan ho

tetera
tea kukuo

sucrer
asikyire kyɛnsen

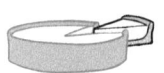

porció
fa

màquina d'espresso
espresso afidie

trona
akonwa tenten

factura
ka krataa

plata
apanpan

ganivet
sikanmoa

forquilla
adinam

cullera
atere

cullereta
tea atere

tovalló
ntoma a wɔde sɛ pono so

got
ahwehwɛ

restaurant - adidibea

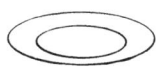		
plat	plat de sopa	plateret
plɛɛte	nkwan plɛɛte	plɛte ketewa
	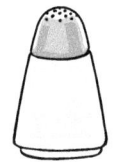	
salsa	saler	molinet de pebre
frɔyɛ	nkyene kukuo	adeɛ a wɔde twi mako
	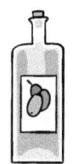	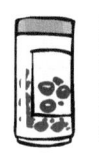
vinagre	oli	espècies
vinegar	anwa	atosodeɛ

quètxup	mostassa	maionesa
ketchup	sinapi aba	mayonis

restaurant - adidibea

supermercat

dwakɛseɛmu

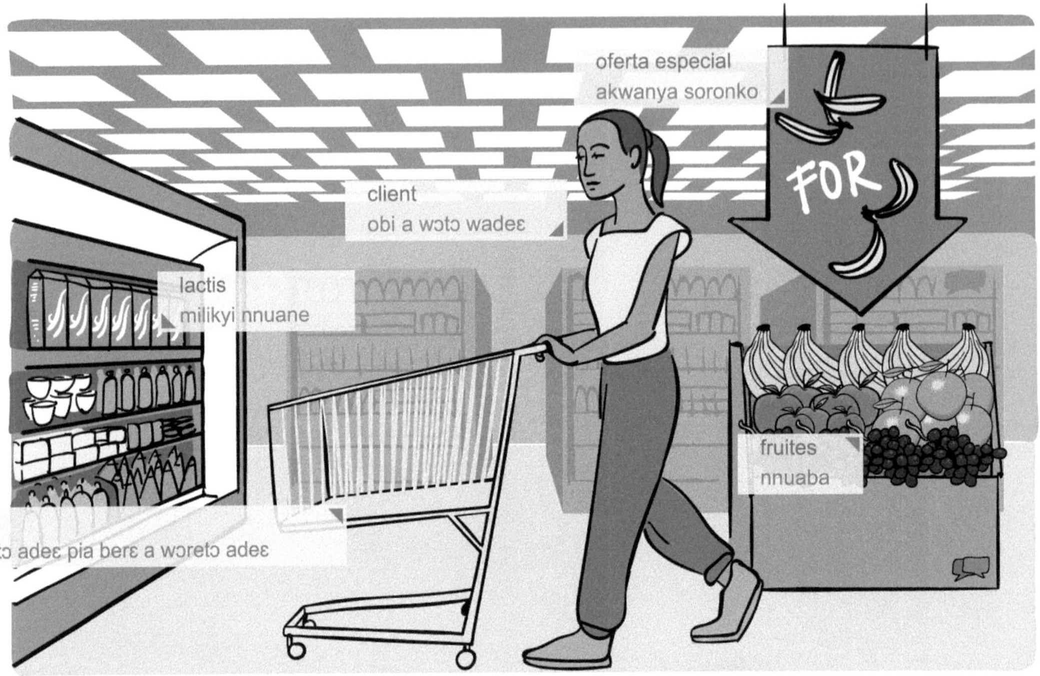

oferta especial
akwanya soronko
FOR
client
obi a wɔtɔ wadeɛ
lactis
milikyi nnuane
fruites
nnuaba
tɔ adeɛ pia berɛ a wɔretɔ adeɛ

BUTCHERS

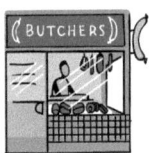

carnisseria

nnamtwafo

BAKERY

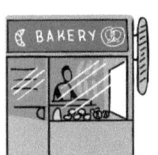

forn de pa

brodotofo

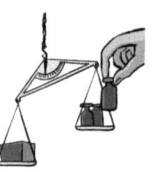

moure

susu

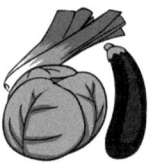

verdures

atosodeɛ

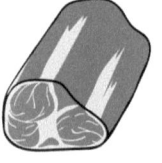

carn

nnam

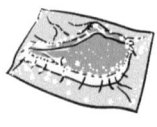

menjar congelat

aduane a wɔde ahyɛ sukɔtwea adaka mu

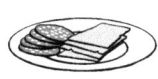
carn freda
nnam a yɛy nwunu

conserves
nnuane a ɛwɔ konku mu

detergent en pols
aduro a wɔde si nnɔɔma

dolços
adɔkɔkɔdɔkɔdeɛ

articles domèstics
efie nnɔɔma

productes de neteja
nnuro a wɔde hohoro nnɔɔma ho

venedora
adetɔni

caixa registradora
adeɛ a wɔgye sika de gu mu

caixer
obi a wɔhwɛ sika so

llista de la compra
nnɔɔma a wobɛtɔ

horari d'obertura
mmerɛ a ɔmo de bue

portamonedes
kotokuo

carta de crèdit
krɛdit kaade

bossa
botɔ

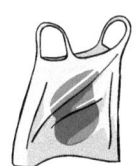
bossa de plàstic
rɔba botɔ

supermercat - dwakɛseɛmu 21

begudes
nsa

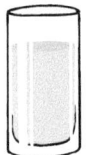

aigua
nsuo

suc
aduaba mu nsuo

llet
milikyi

coca-cola
coke

vi
nsa

cervesa
beer

alcohol
nsaden

cacau
kookoo

te
tea

cafè
kɔfe

espresso
espresso

cappuccino
cappuccino

menjar
aduane

banana
kwadu

poma
aprɛ

taronja
akutuo

síndria
mɛlɔn

llimona
akutuo

pastanaga
karɔt

all
galeke

bambú
mpampuro

ceba
gyeene

bolet
mmire

avellanes
nkateɛ

fideus
talia

espaguetis
talia

arròs
ɛmo

amanida
salad

patates fregides
kyips

patates fregides
aborodwomaa w'akye

pizza
pizza

hamburguesa
hamburger

entrepà
sandwiɔh

escalopa
ntwetwade

cuixot
prɛko nam

salami
salami

salsitxa
sɔsegye

pollastre
akokɔnam

rostit
toto

peix
nsuomunam

24 menjar - aduane

flocs de civada
oats koko

musli
muesli

cereals
cornflakes

farina
esam

croissant
croissant

panet
brodo a yabobɔ

pa
brodo

torrada
ho

bescuits
biskit

mantega
bɔta

quallada
koko

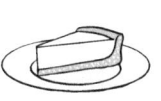
pastís
ɔfam

ou
kosua

ou fregit
kosua a yakye

formatge
kyeese

menjar - aduane

25

gelat
ise krim

sucre
asikyire

mel
ɛwoɔ

melmelada
ɛam

crema de xocolata
kyɔkolate a wɔde yɛ aduane mu

curri
kɔri

menjar - aduane

granja
afuo

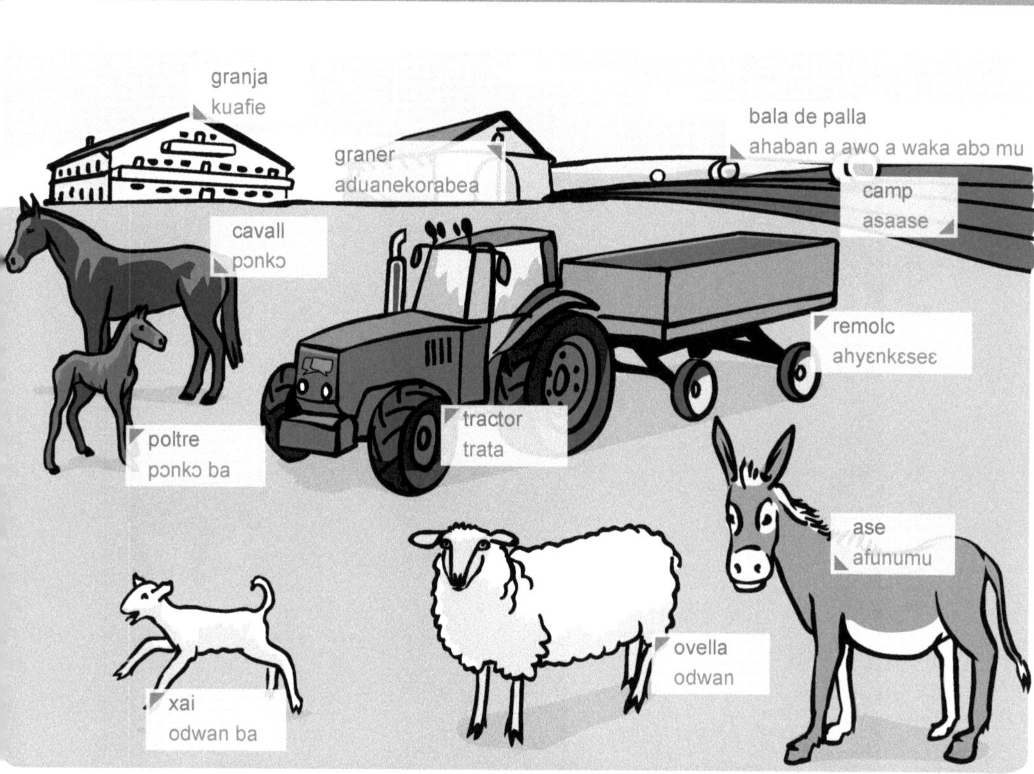

granja
kuafie

graner
aduanekorabea

bala de palla
ahaban a awo a waka abɔ mu

camp
asaase

cavall
pɔnkɔ

remolc
ahyɛnkɛseɛ

poltre
pɔnkɔ ba

tractor
trata

ase
afunumu

xai
odwan ba

ovella
odwan

cabra
apɔnkye

vaca
nantwie

vedella
nantwie ba

porc
prɛko

garrí
prɛko ba

bou
nantwinini

granja - afuo   27

oca
dabodabo

ànec
dabodabo

poll
akokɔba

gall
akokɔbedeɛ

gallina
akokɔnini

rata
akura

gat
agyinamoa

ratolí
akura

bou
nantwi

gos
ɔkraman

gossera
kramanfie

mànega de reg
drobɛn a wɔde nsuo fa mu
gugu nnɔɔma so

regadora
toa wɔde nsuo gu mu de
gugu nnɔɔma so

dalla
kantankrankyi

arada
afidie a wɔde funtum
asaase ani

granja - afuo

falç
sɔsɔwa

aixada
asɔ

rastell
fɔɔki kɛseɛ

destral
akuma

carretó
hweebaro

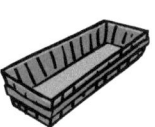
abeurador
adea mmoa didi mu

lletera
milikyi konku

sac
kotoku

tanca
ɛban

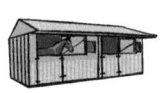
establa
mmoa dan

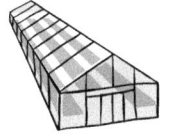
hivernacle
nnuaba dan mu

sòl
anwea

llavor
aba

adob
nnuro a wɔde gu mfudeɛ ho

collidora
nnuanetwa kaa kɛse

granja - afuo

collir
twa

collita
mfudeɛ

nyam
bayerɛ

blat
ayuo

soja
soya

patata
aborɔdwomaa

blat de moro o d'indi
aburo

colza
rapedua aba

arbre fruiter
aduaba dua

mandioca
bankye

cereals
aburo aduane

granja - afuo

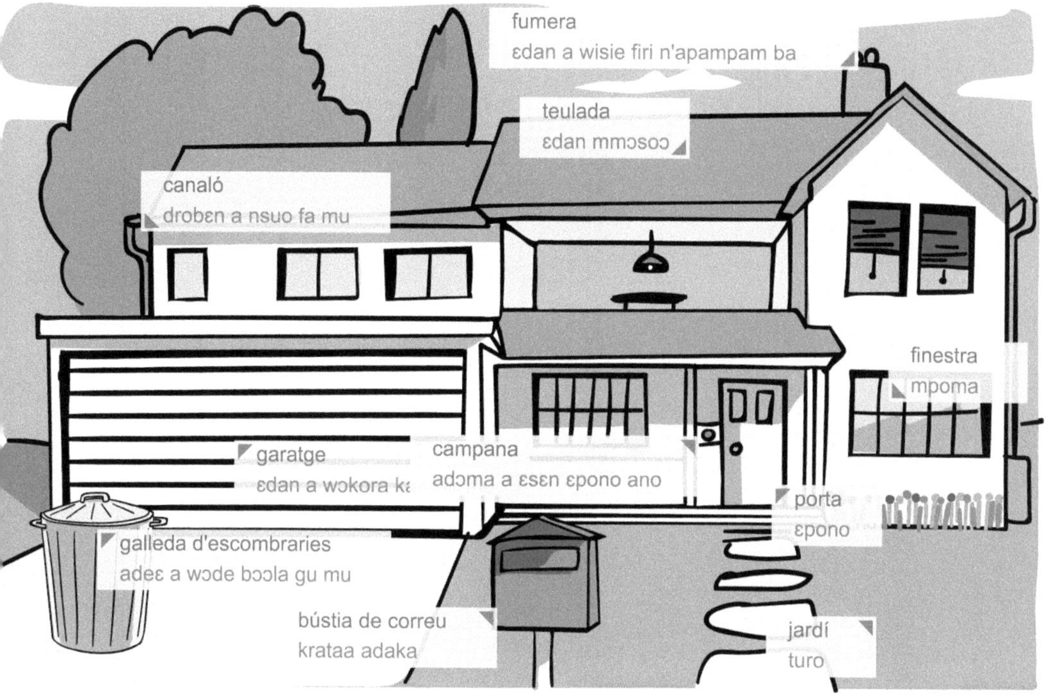

casa
efie

fumera
ɛdan a wisie firi n'apampam ba

teulada
ɛdan mmɔsoɔ

canaló
drobɛn a nsuo fa mu

finestra
mpoma

garatge
ɛdan a wɔkora kɑ...

campana
adɔma a ɛsɛn ɛpono ano

porta
ɛpono

galleda d'escombraries
adeɛ a wɔde bɔɔla gu mu

bústia de correu
krataa adaka

jardí
turo

sala d'estar

ɛdan a wɔtena mu

bany

adwareɛ

cuina

gyaade

cambra de dormir

piam

cambra de nen

abɔfra dan mu

menjador

ɛdan a wɔdidi wɔ mu

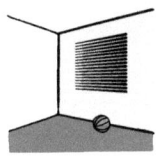

sòl
fam

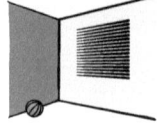

paret
ɛban

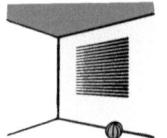

sostre
siilin

soterrani
ɛdan a ɛhyɛ fam

sauna
beaɛ a wɔkɔto hyew

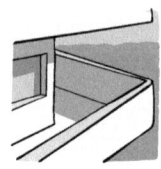

balcó
pɔɔkye

terrassa
asaase a wafuntum na wɔde dua nnɔbaeɛ

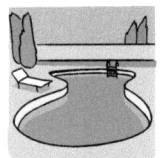

piscina
nsuo a wɔdware mu

tallagespa
afidie a wɔde dɔ

vànova
krataa

cobrellit
nnasoɔ

llit
mpa

escombra
praeɛ

galleda
bɔkiti

interruptor
deɛ wɔde sɔ kanea

casa - efie

sala d'estar
ɛdan a wɔtena mu

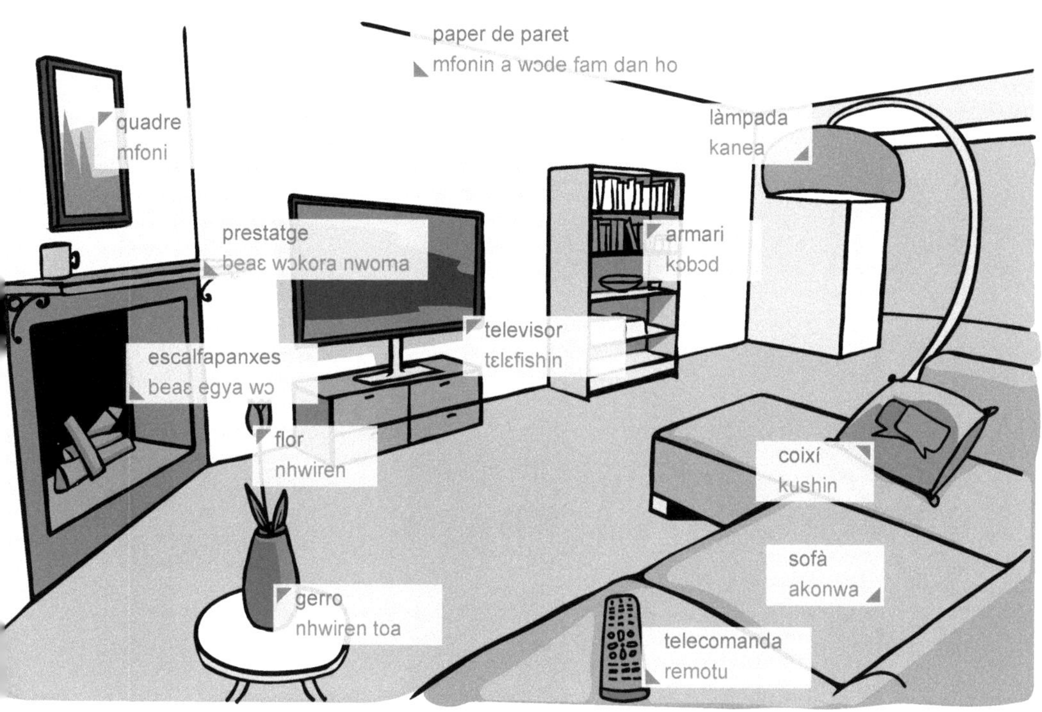

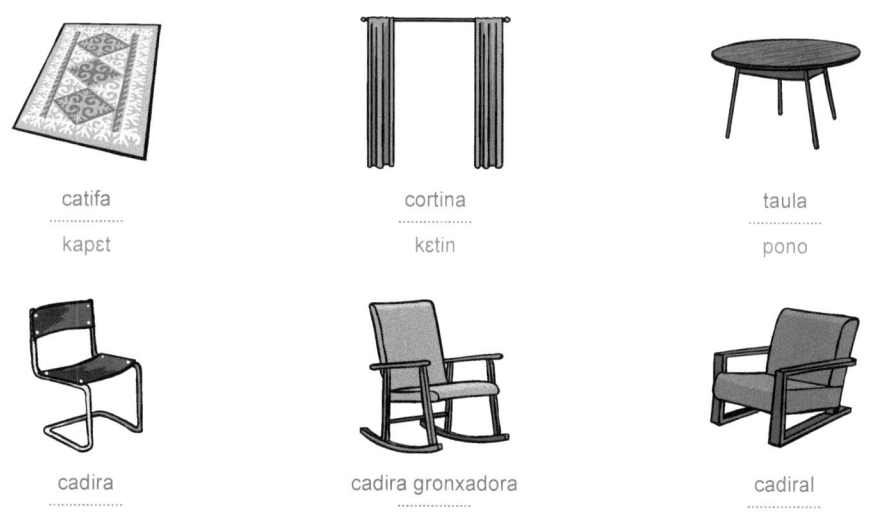

- paper de paret — mfonin a wɔde fam dan ho
- quadre — mfoni
- làmpada — kanea
- prestatge — beaɛ wɔkora nwoma
- armari — kɔbɔd
- escalfapanxes — beaɛ egya wɔ
- televisor — tɛlɛfishin
- flor — nhwiren
- coixí — kushin
- gerro — nhwiren toa
- sofà — akonwa
- telecomanda — remotu

catifa	cortina	taula
kapɛt	kɛtin	pono

cadira	cadira gronxadora	cadiral
akonwa	akonwa aa ɛkɔ anim ne akyi	nsaakonwa

llibre
nwoma

llençol
kuntu

decoració
beaɛ asiesie

foguera
egya

film
mfoni

cadena de música
hi-fi afidie

clau
safoa

diari
dawurubɔ krataa

pintura
akaado

cartell
mfoni

ràdio
akasanoma

bloc de notes
nwoma a wɔtwerɛ nsɛmpɔ gu mu

aspiradora
afidie a wɔde pra mfuturo

cactus
cactus

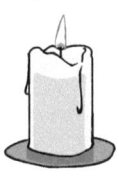
candela
kandele

sala d'estar - ɛdan a wɔtena mu

cuina
gyaade

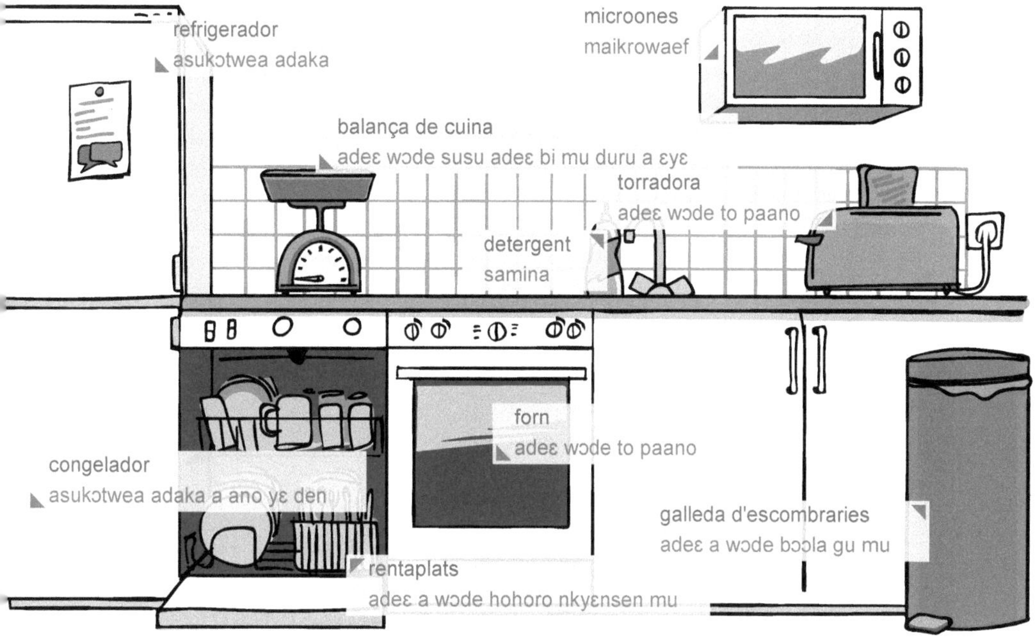

refrigerador — asukɔtwea adaka

microones — maikrowaef

balança de cuina — adeɛ wɔde susu adeɛ bi mu duru a ɛyɛ

torradora — adeɛ wɔde to paano

detergent — samina

forn — adeɛ wɔde to paano

congelador — asukɔtwea adaka a ano yɛ den

galleda d'escombraries — adeɛ a wɔde bɔɔla gu mu

rentaplats — adeɛ a wɔde hohoro nkyɛnsen mu

fogons	**olla**	**olla de ferro colat**
adeɛ a wɔde noa aduane	kukuo	dadesɛn
wok / karahi	**paella**	**bullidor**
wok / kadai	pan	adeɛ wɔde noa nsuo

cuina - gyaade

olla de vapor

nea yɛde ka aduane hye

plata de forn

adeɛ wɔto so paano

vaixella

nkyɛnsen a wɔdidi mu

tassó

kuruwa

bol

kyɛnsen

bastonets xinesos

nnua a wɔde didie

culler

kwantere

espàtula

atere

batedor

adeɛ wɔde nu adeɛ mu

colador

sɔneɛ

sedàs

sɔneɛ

ratllador

adeɛ a wɔde twi adeɛ

morter

waduro

barbacoa

adeɛ a wɔde toto nam

fogó

egya a biribiara mmɔ ho ban

cuina - gyaade

taula de tallar

adeɛ a wɔtwitwa so nnoɔma

corró

adea wɔde twi nnoɔma

llevataps

adeɛ a wɔde tu toa ano

pot de conserva

konku

obridor

adeɛ wɔde bie konku so

agafador

nea yɛde sɔ kukuo mu

aigüera

adeɛ a wɔhohoro nkyɛnse wɔ mu

raspall

adeɛ a wɔde twitwi

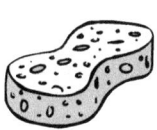

esponja

sapɔ

batedora

afidie wɔde yam nnuane

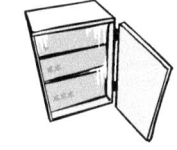

congelador

asukɔtwea adaka a ano yɛ den

biberó

abɔfra toa

aixeta

nsuo

cuina - gyaade

bany
adwareɛ

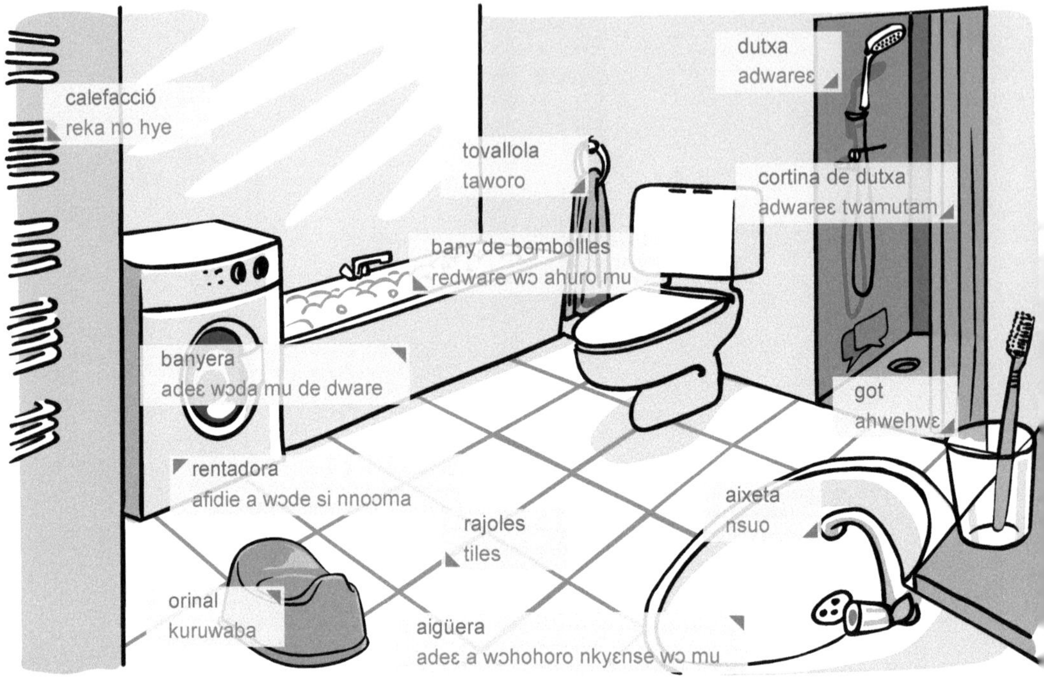

- calefacció — reka no hye
- dutxa — adwareɛ
- tovallola — taworo
- cortina de dutxa — adwareɛ twamutam
- bany de bombolles — redware wɔ ahuro mu
- banyera — adeɛ wɔda mu de dware
- got — ahwehwɛ
- rentadora — afidie a wɔde si nnooma
- aixeta — nsuo
- rajoles — tiles
- orinal — kuruwaba
- aigüera — adeɛ a wɔhohoro nkyɛnse wɔ mu

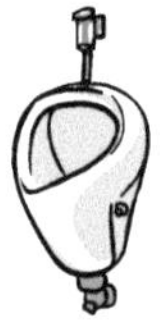

lavabo	lavabo turc	bidet
agyananbea	agyananbea a wɔkotoso	bidet
orinador	paper higiènic	escombreta de sanitari
dwonsɔbea	tiafi krataa	adeɛ a wɔde twitwi agyanbea

bany - adwareɛ

raspall de dents

adeɛ wɔde twitwiri ɛse

pasta de dents

aduro wɔde twitwiri ɛse

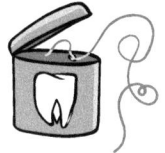

fil dental

adeɛ wɔde yiyi ɛse ntam

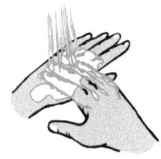

rentar

si

pom de dutxa

adeɛ wɔsɔ mu de dware

dutxa íntima

adeɛ nsuo fa mu na wɔde hohoro mmaa ase

rentamans

adeɛ wɔsi nnooma wɔ mu

raspall per a l'esquena

adeɛ wɔde twitwi yakyi

sabó

samina

gel de dutxa

adwareɛ samina

xampú

deɛ wɔde hohoro tirinwii mu

manyopla de bany

ntoma wɔde asaawa na ayɛ

bonera

nsuokwan

crema

nkuu

desodorant

aduro a wɔde fa mmɔtoamu

mirall
ahwehwɛ

mirall-espill de mà
ahwehwɛ kumaa

maquineta de rasar
yiwan

espuma de barbejar
aduro a wɔde yi

loció post-rasada
aduro a wɔde sera beaɛ wayi

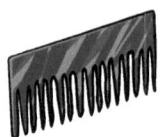

pinta
afe

raspall
brɔsh

eixugador
afidie a wɔde ka nwii ma no wo

laca
adeɛ wɔde aduro gu mu de gu nwii so

maquillatge
adeɛ wɔde yɛn wɔn anim

pintallavis
adeɛ wɔde keka ano

esmalt d'ungles
aduro a wɔde ka mmɔwerɛ so

cotó
asaawa

tallaungles
apasoɔ a wɔde twitwa mmɔwerɛ

perfum
aduham

necesser
....
baage a wɔde nnooma gu
mu wɔ adwareɛ

tamboret
....
akonwa

bàscula
....
afidie a wɔde susu adeɛ bi
mu duro

barnús
....
ataadeɛ wɔhyɛ berɛ a
wɔrekɔdware

guants de goma
....
adeɛ wɔde hyɛ wɔn nsa a
wɔde rɔba na ayɛ

tampó
....
adeɛ wɔde twe nsuo firi
pirakuro mu

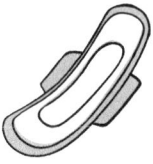

compresa
....
deɛ mmaa de siesie wɔn ho
berɛ wɔn abu wɔn nsa

sanitari químic
....
agyananbea a wɔde nnuro
kora

bany - adwareɛ

cambra de nen

abɔfra dan mu

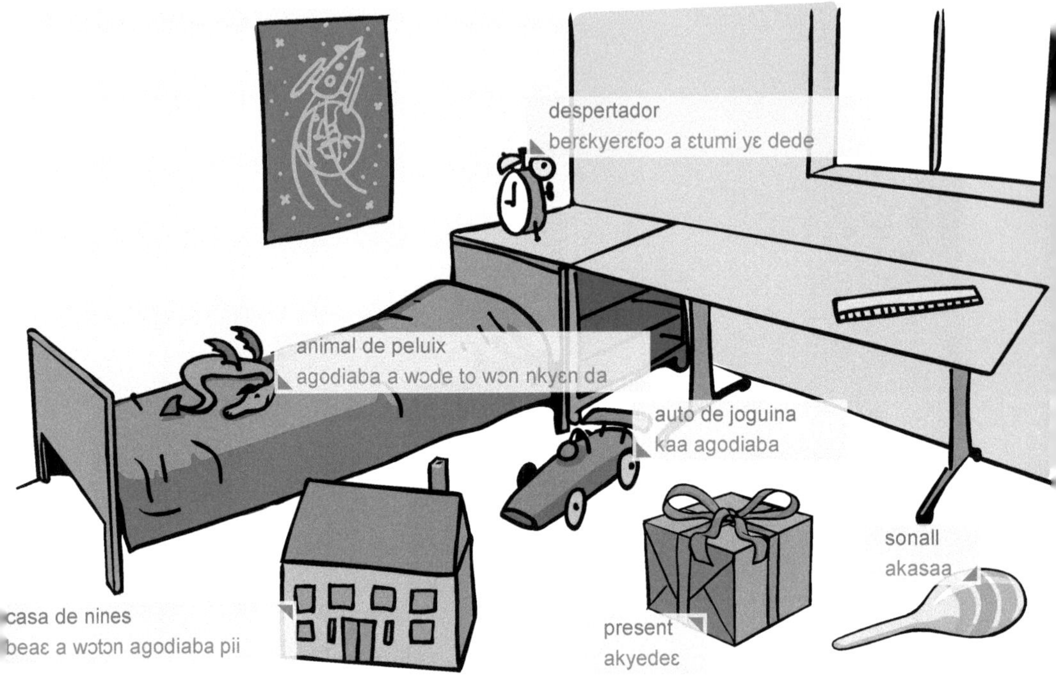
despertador
berɛkyerɛfoɔ a ɛtumi yɛ dede
animal de peluix
agodiaba a wɔde to wɔn nkyɛn da
auto de joguina
kaa agodiaba
sonall
akasaa
casa de nines
beaɛ a wɔtɔn agodiaba pii
present
akyedeɛ

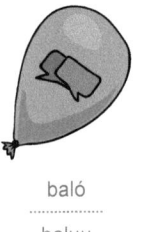

baló

baluu

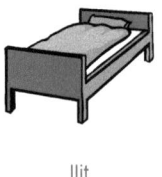

llit

mpa

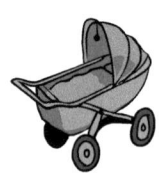

cotxet per a nens

adeɛ a wɔde mmɔfra to mu pia wɔn

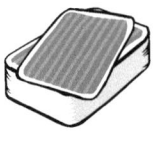

joc de cartes

nkrataa a ɛhyɛ adaka mu

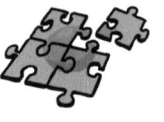

trencaclosca

mfonin asiniasini a wckeka si ani hyehyɛ

SUPER MEGA

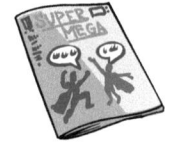

historieta

mmɔfra aseresɛm nwoma

peces de lego

lego bricks

pedres de construcció

blɔks a wɔde si dan

ninot d'acció

mmɔfra agodiaba

granota

mmɔfra ataade a wɔayɛ abɔ mu

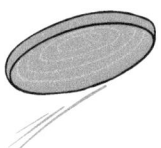

frisbee

frisbee

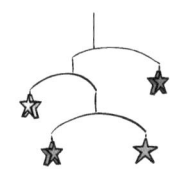

mòbil per a bressol

agodiaba a wɔde sensɛne mmɔfra mpa so

joc de taula

agorɔ a ɛwɔ pono so

daus

ludu aba

tren elèctric

ketekye ketewa

maniquí

adeɛ a wɔde hyɛ mmɔfra anumu

festa

apontoɔ

llibre de dibuixos

krataa mfonin wɔ mu

pilota

bɔɔlo

nina

agodiaba

jugar

di agorɔ

sorrera

adeɛ wɔde anwea agu mu a mmɔfra di mu agorɔ

gronxador

adonko

joguines

agodiaba

consola de jocs de vídeo

afidie abɛɛfo agodie wɔ so a wɔbɔ

tricicle

dadepɔnkɔ a ne nan yɛ mmiensa

osset de pelfa

sisire agodiaba

armari

wɔdrop

roba
ataadeɛ

mitjons

adeɛ a wɔhyɛ ansa na wahyɛ mpaboa

mitges

ataade tenten a wɔhyɛ wɔ wɔn nan ho

mitja pantaló

ataadeɛ a ɛkyekyere deɛ wahyɛ no

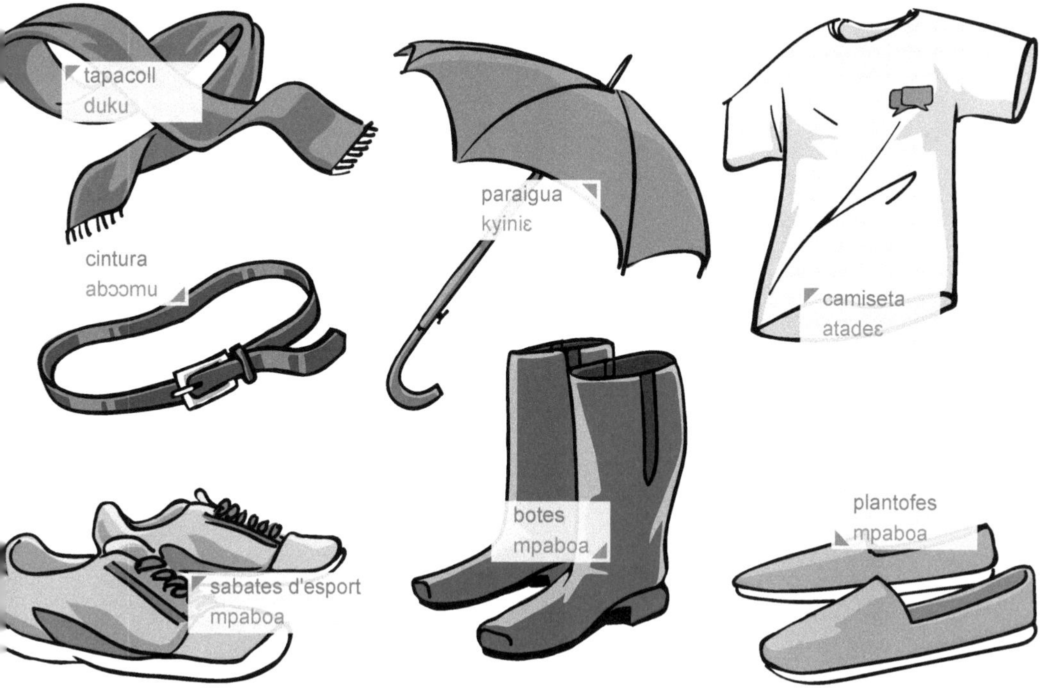

tapacoll
duku

paraigua
kyiniɛ

camiseta
atadeɛ

cintura
abɔɔmu

botes
mpaboa

plantofes
mpaboa

sabates d'esport
mpaboa

sandàlies
mpaboa

sabates
mpaboa

botes de goma
rɔba mpaboa

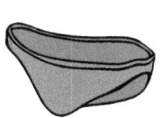

calçotets
drɔs

sostenidor
adeɛ mmaa hyɛ de kora
wɔn nufu

guardapits
fɛst

roba - ataadeɛ

bodi
nipadua

pantalons
trɔsa

jeans
gyins

faldeta
skɛɛte

brusa
mmaa ataade soro

camisa
ataadesoro

jersei
swata

dessuadora
ataadeɛ a ɛkyɛ wɔ mu

blazer
kootu

jaqueta
ataade ngusoɔ

mantell
kootu

impermeable
ataadeɛ wɔhyɛ berɛ nsuo retɔ

vestit de dona
ataadehyɛ

vestit de dona
ataadeɛ

vestit de núvia
ayifrɔ atadeɛ

roba - ataadeɛ

vestit d'home
ataade nkatasoɔ

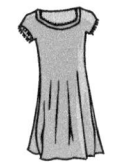
camisa de dormir
ataadeɛ a yɛhyɛ de da

pijama
pigyamas

sari
sari

mocador de cap
duku

turbant
duku

burca
ataadeɛ Nkramofoɔ mmaa hyɛ na ɛkata wɔn tiri so de kɔsi wɔn nan ase

caftan
kaftan

abaia
abaya

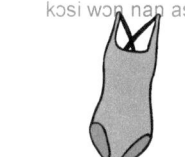
vestit de bany
ataadeɛ a wɔhyɛ de dware nsuo mu

calçotet de bany
nika

pantalons curts
nika

xandall
traksuit

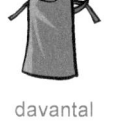
davantal
ntoma a wɔde kata wɔn kɔnmu berɛ wɔreyɛ aduane

guants
adeɛ wɔde hyɛ wɔn nsa

roba - ataadeɛ

botó
batin

ulleres
ahwehwɛniwa

braçalet
adeɛ wɔde to wɔn nsa

collaret
kɔnmuade

anell
kawa

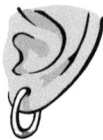

orellera
asomadeɛ

casquet
ɛkyɛ

penjador
adeɛ a wɔde kootu hyɛ so

barret
ɛkyɛ

corbata
abɔɔmenemu

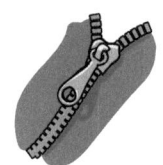

cremallera
zip

casc
ɛkyɛ a wɔhyɛ de twi motosakre

elàstics
bresis

uniforme escolar
sukuu ataadeɛ

uniforme
ataadeɛ

roba - ataadeɛ

pitet

adeɛ a wɔde gu abɔfra kɔn
mu berɛ a wɔredidi

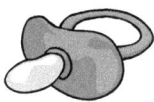

maniquí

adeɛ a wɔde hyɛ mmɔfra
anumu

bolquer

moase tam

oficina
ɔfise

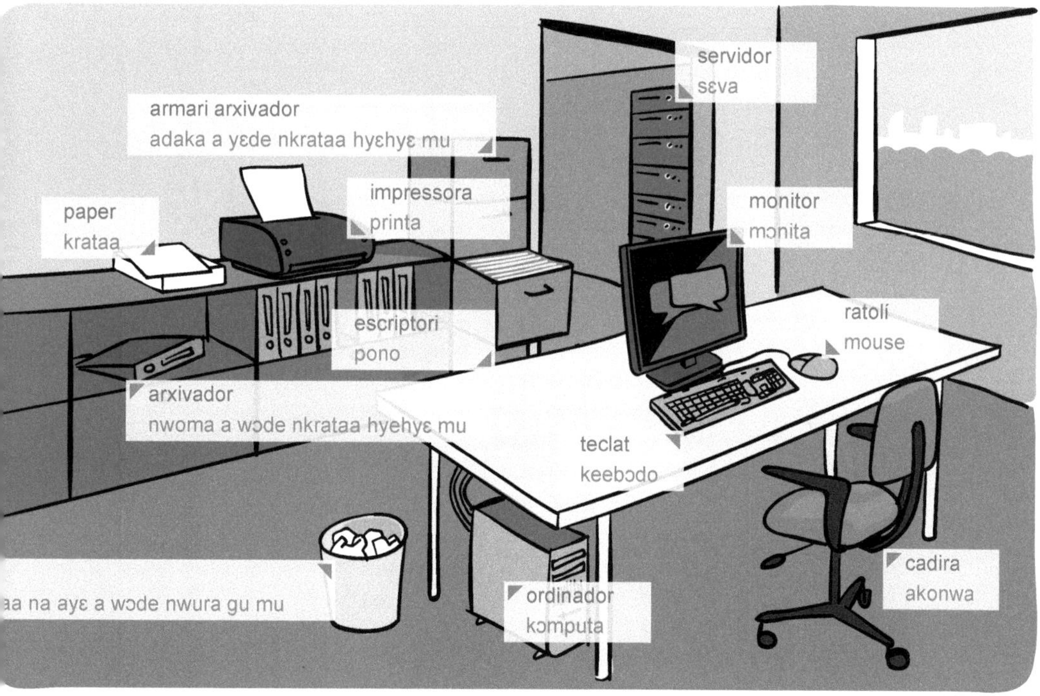

armari arxivador
adaka a yɛde nkrataa hyɛhyɛ mu

impressora
printa

servidor
sɛva

monitor
mɔnita

paper
krataa

escriptori
pono

ratolí
mouse

arxivador
nwoma a wɔde nkrataa hyɛhyɛ mu

teclat
keebɔdo

aa na ayɛ a wɔde nwura gu mu

ordinador
kɔmputa

cadira
akonwa

tassa de cafè

kɔfe kuruwa

calculadora

afidie a wɔde bu nkɔnta

Internet

intanɛt

ordinador portàtil

laptɔp

lletra

krataa

missatge

nkratoɔ

mòbil

mobile

xarxa

nɛtwɛk

fotocopiadora

fotokɔpia

programari

sɔftwɛɛ

telèfon

tetefon

presa de corrent

plɔg sɔkɛti

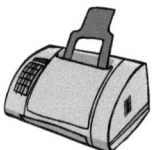

fax

fax afidie

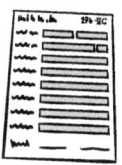

formulari

krataa

document

krataa

oficina - ɔfise

economia
sikasem

comprar
tɔ

pagar
tua

comerciar
tɔn

diners
sika

dòlar
dollar

euro
euro

ien
yen

ruble
rouble

franc suís
Swiss franc

renminbi yuan
renminbi yuan

rupia
rupee

caixer automàtic
sikabea

oficina de canvi
baabi aa yɛsesa

or
sikakɔkɔɔ

argent
dwetɛ

petroli
ngo

energia
ahooden

preu
ne boɔ

contracte
nteaseɛ a ɛwɔ krataa so

impost
ɛtoɔ

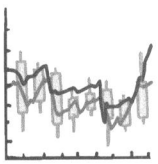
acció
stock

treballar
yɛ adwuma

treballador
odwumayɛni

empresari
obi a wafa obi adwumamu

fàbrica
afidihyehyɛbea

botiga
beaɛ a wɔtɔn adeɛ

oficis
nnwuma ahodoɔ

oficial de policia
polisini

bomber
gyadumni

cuiner
obi a wɔnoa aduane

doctor
dɔkota

pilot
obi a wɔtwi ewiemhyɛn

jardiner

kuani

fuster

nnuaseni

costurer

ɔbaa a wɔpam adeɛ

jutge

otɛnmuani

químic

dufrani

actor

siniyifoɔ

conductor d'autobús

hyɛnkani

taxista

taxi drɔba

pescador

ɔfarifo

dona de la neteja

ɔbaa wɔpopa beaɛ

ensostrador

obi a wɔbɔ dan so

cambrer

barima a wɔsom wɔ beaɛ a wɔtɔn aduane

caçador

ɔbɔmɔfo

pintor

obi wɔde akaado keka ɛden ne nnoɔma aka ho

forner

brodotofo

electricista

obi a wɔyɛ nkaneɛ ho adwuma

obrer de la construcció

dansifo

enginyer

obi a wɔyɛ mfidie akɛseɛ ho adwuma

carnisser

namtɔnfo

llanterner

obi a wɔhyehyɛ drobɛn a nsuo fa mu

correu

obi a wɔde nkrataa a amanfoɔ atwerɛ soma no

soldat
osrani

arquitecte
obi a wɔyɛ adansie ho adwuma

caixer
obi a wɔhwɛ sika so

florista
obi a wɔtɔn nhwiren

perruquer
obi a wɔyɛ tire

revisor
deɛ wɔgyegye sika wɔ ɛhyɛn mu

mecànic
obi a wɔsiesie ɛhyɛn

capità
panin

dentista
dɔkota a wɔhwɛ se

científic
abodeɛmu nyasapɛni

rabí
ɔkyerɛkyerɛni

imam
imam

monjo
monk

cura
sofo

eines
akadeɛ

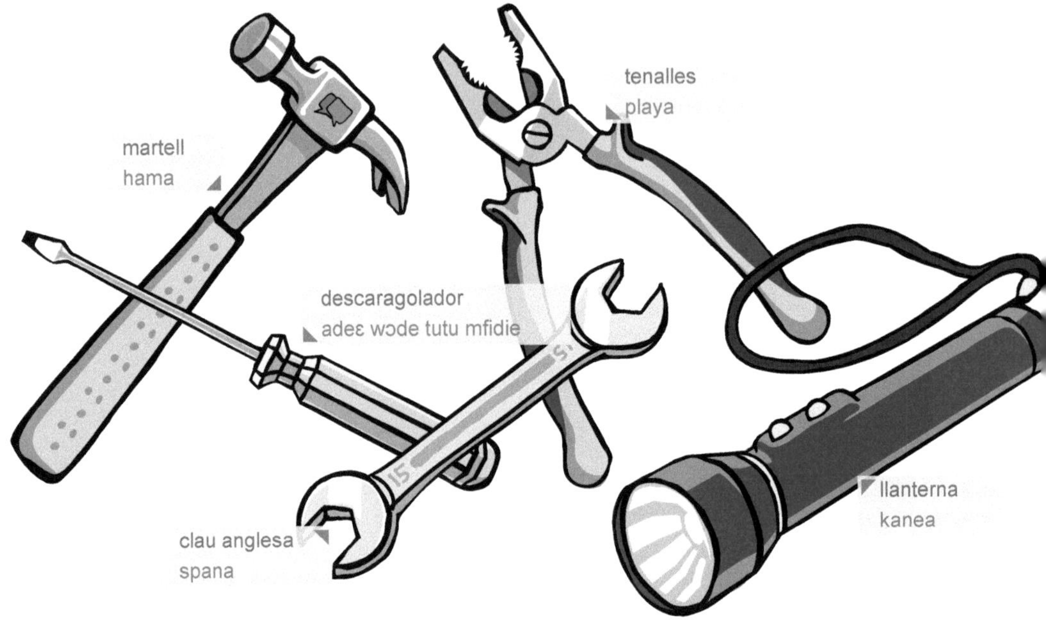

martell
hama

tenalles
playa

descaragolador
adeɛ wɔde tutu mfidie

clau anglesa
spana

llanterna
kanea

excavadora

afidie a wɔde tu fam

caixa d'eines

adaka a wɔde nnooma a wɔde yɛ adwuma gu mu

escala

atwedeɛ

serra

sradaa

claus

nnadowa

trepant

afidie a wɔde mmia nnooma mu

reparar
siesie

pala
sɔfi

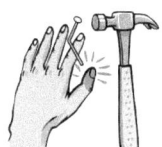
Maleït siga!
Yieee!

pala
asesa nwura

pot de pintura
akaado kora

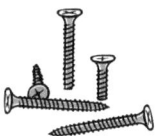
caragols
dadeɛ wɔde bobɔ nnooma mu

instrument de música
mfidie a wɔde bɔ nnwom

altaveu
afidie a kasa fa mu

bateria
ntwene

contrabaix
bas mmienu

trompeta
totrobɛnto

guitarra
ahoma nsia

piano
sankuo

violí
sankuo

baix
ahoma nsia

timbal
timpani

tambor
ntwene

teclat
sankuo

saxofon
sasofon

flauta
trobɛnto

micròfon
akasanoma

instrument de música - mfidie a wɔde bɔ nnwom

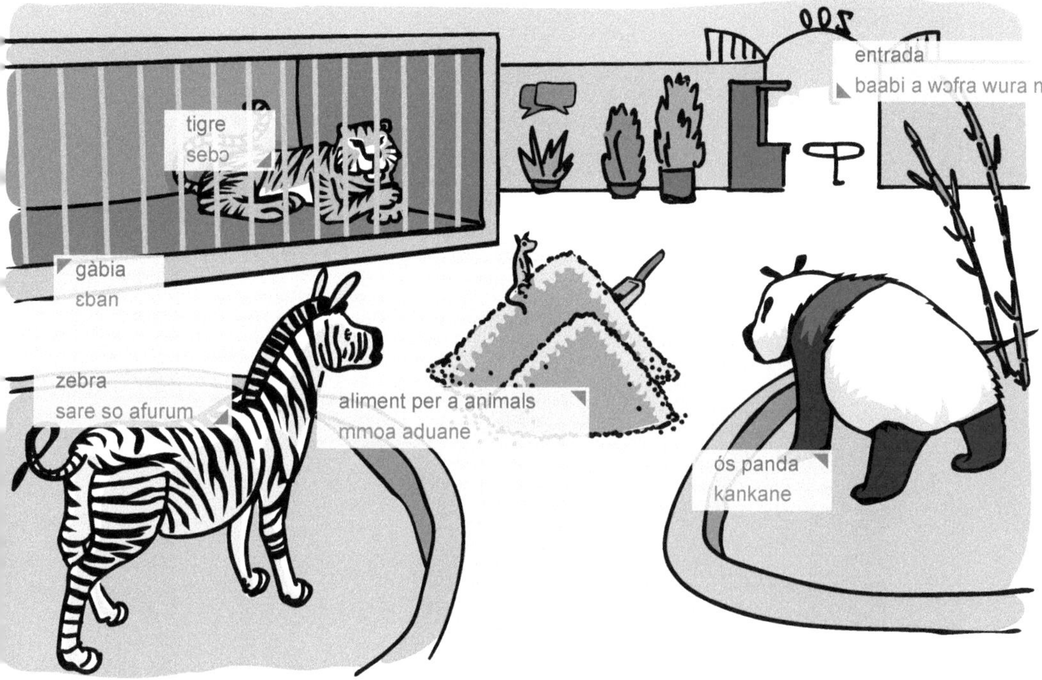

zoo
mmoakurabea

- tigre / sebɔ
- gàbia / ɛban
- zebra / sare so afurum
- aliment per a animals / mmoa aduane
- entrada / baabi a wɔfra wura m
- ós panda / kankane

animals
mmoa

elefant
ɔsono

cangurú
kangaroo

rinoceront
bɛnkorɔ

goril·la
akaatia

ós
sisire

zoo - mmoakurabea

camell
yoma

estruç
sohori

lleó
gyata

simi
kontromfi

flamenc
asukɔnkɔn

papagai
ako

ós polar
sisire

pingüí
penguin

ca mari
oboodede

paó
kohaa

serp
ɔwɔ

cocodril
dɛnkyɛm

guardià del zoo
mmoasohwɛfo

foca
sukraman

jaguar
sebɔ

zoo - mmoakurabea

poni
pɔnkɔ ketewa

lleopard
etwie

hipopòtam
susono

girafa
kɔntenten

àliga
ɔkɔdeɛ

senglar
kɔkɔte

peix
nsuomunam

tortuga
sudanda

morsa
sukraman

guineu
sakraman

gasela
adowa

zoo - mmoakurabea

esports
agokansie

futbol americà / Amerika bɔɔlo

ciclisme / dadeponkɔ twie akansie

tenis / tɛnɛs

bàsquet / baskɛtbɔɔlo

natació / nsuo dwareɛ

boxa / akutrukubɔ

hoquei sobre gel / hɔki a wɔbɔ no wɔ asukɔtwɛ

futbol americà	bàdminton	atletisme
bɔɔlo	badminton	mmirikatuo
handbol	esquí	polo
nsa bɔɔlo	asukɔtwea so agorɔ	polo

esports - agokansie

activitats
dwumadie ahodoɔ

tenir gyε	fer yε	ésser yε

estar dret gyina	córrer tu mirika	estirar twe

llençar to	caure tɔ fam	jeure twa ntorɔ

esperar twεn	portar soa	asseure's tena ase

vestir-se hyε atadeε	dormir da	despertar-se sɔre

activitats - dwumadie ahodoɔ

mirar
hwɛ

plorar
su

picar
fa wo nsa fefa ho

pentinar
nunu wotirim

parlar
kasa

comprendre
te aseɛ

demanar
bisa

escoltar
tie

beure
nom

menjar
didi

endreçar
siesie

estimar
dɔ

cuinar
noa

conduir
ka kaa

volar
tu

activitats - dwumadie ahodoɔ

navegar
ka

calcular
bo ho nkonta

llegir
kan

aprendre
sua

treballar
yɛ adwuma

casar-se
ware

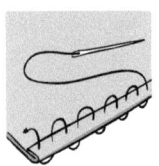
cosir
pam

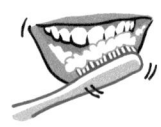
raspallar-se les dents
twitwi wo se

matar
kum

fumar
hye

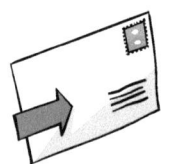
enviar
soma

activitats - dwumadie ahodoɔ

família
abusua

- àvia / nanabaa
- avi / nana barima
- pare / papa
- mare / maame
- nadó / abɔfra
- filla / babaa
- fill / babarima

convidat
ɔhɔhoɔ

tia
sewaa

oncle
wɔfa

germà
nua barima

germana
nuabaa

cos
nipadua

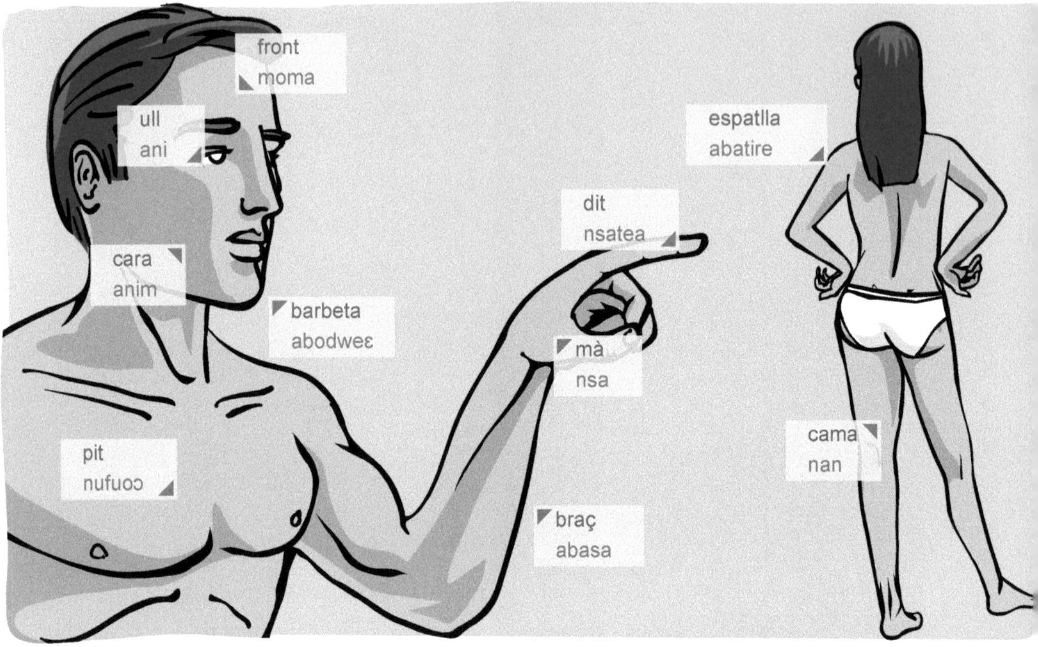

front / moma
ull / ani
cara / anim
barbeta / abodweɛ
pit / nufuɔɔ
espatlla / abatire
dit / nsatea
mà / nsa
cama / nan
braç / abasa

nadó
abɔfra

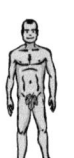

home
barima

dona
ɔbaa

noia
abaayewa

noi
abarimaa

cap
ɛtire

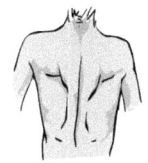

esquena
akyi

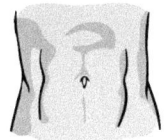

panxa
yafunu

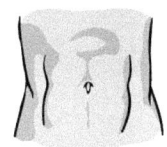

melic
furuma

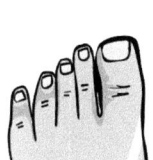

dit gros del peu
nansoa

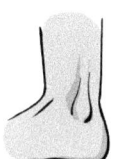

taló
nantini

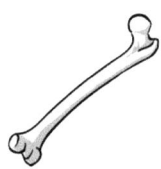

os
dompe

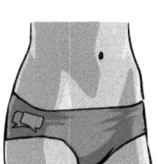

maluc
sisi

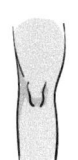

genoll
kotodwe

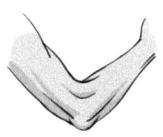

colze
abatwerɛ

nas
hwene

cul
cotɔ

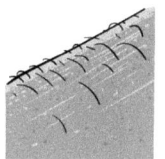

pell
wedeɛ

galta
afono

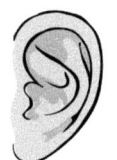

orella
aso

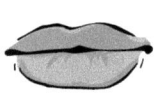

llavi
ano

cos - nipadua

boca
ano

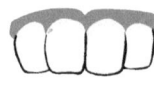
dent
ɛse

llengua
tɛkyerɛma

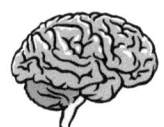
cervell
adwene

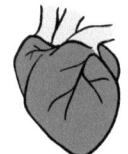
cor
akoma

múscul
honam

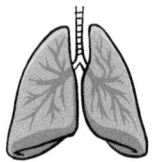
pulmó
ahrawa

fetge
brɛbɔɔ

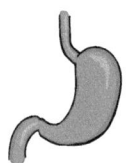
estómac
afuro

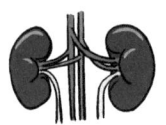
ronyó
sawa

sexe
barima ne ɔbaa nna mu nhyiamu

preservatiu
kɔndɔm

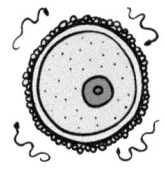
ovari
nkosua a ɛwɔ obaa mu

semen
barima ho nsuo

prenyat
nyinsɛn

cos - nipadua

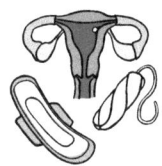
menstruació
brayɔ

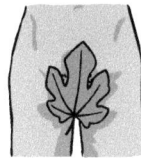
vagina
ɛtwɛ

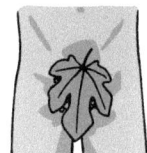
penis
kɔteɛ

cella
aniakyi nwii

cabells
nwii

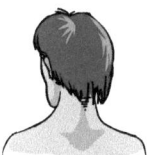
coll
kɔn

hospital
asopiti

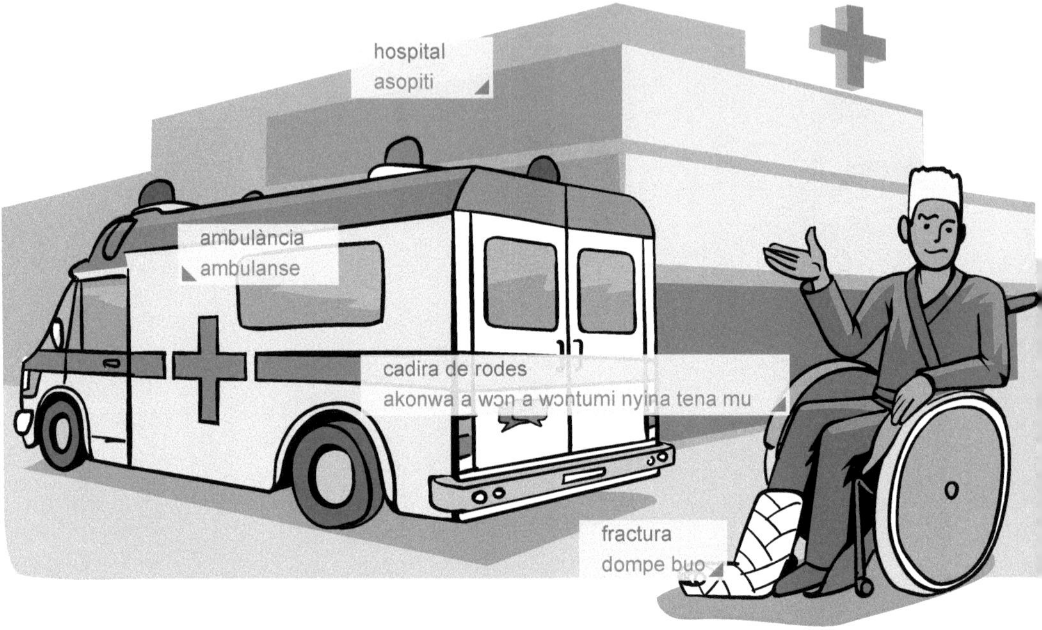

- hospital / asopiti
- ambulància / ambulanse
- cadira de rodes / akonwa a wɔn a wɔntumi nyina tena mu
- fractura / dompe buo

doctor
dɔkota

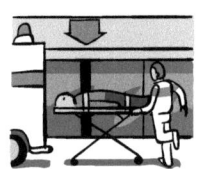

sala d'urgències
ɛdan a wɔde wɔn a wɔn apira kɔ mu kɔhwɛ wɔn ɔhare so

infermera
nɛɛse

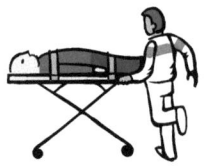

urgència
putupru

inconscient
fenti

dolor
yaw

	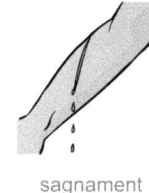	
ferida pira	sagnament mogyatuo	atac de cor akoma yareɛ
	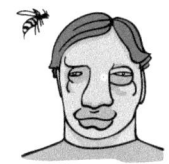	
apoplexia nwodwoɔ yareɛ	al·lèrgia adeɛ wo honam mpɛ	tos ɛwa

febre ahoɔhyeɛ	gripa papu	diarrea ayɛmhwie

mal de cap tiripayɛ	càncer kokoram	diabetis asikyire yareɛ

cirurgià dɔkotani wɔpaepae obi sa no yareɛ	escalpel sekamma	operació repaepae obi ho asa no yareɛ

hospital - asopiti

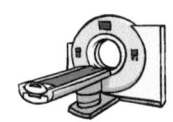

tomografia computada (TC), TAC
CT

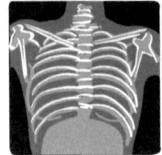

raigs x
x-ray

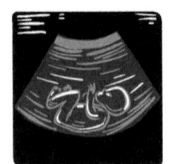

ultrasò
mfonin a wɔtwa de hwɛ awodeɛ mu

mascareta
anim nkatadeɛ

malaltia
yareɛ

sala d'espera
dan aa yɛtwɛn wɔ mu

crossa
klɔkye

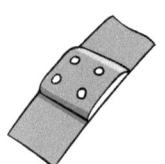

tireta
plasta

embenat
bandege

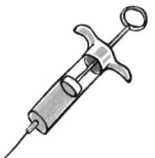

injecció
paneɛ

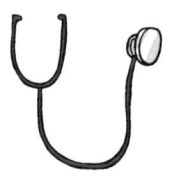

estetoscopi
afidie a wɔde tie dede wɔ nnipa ho

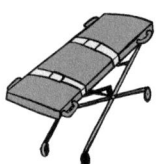

llitera
mpa

termòmetre clínic
afidie wɔde hwɛ ahoɔhyeɛ

pariment
awoɔ

sobrepès
kɛseyɛ mmorosoɔ

hospital - asopiti

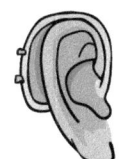

aparell auditiu

afidie a ɛboa ma obi te asɛm yie

desinfectant

aduro a wɔde ko tia yaremmoa bateria

infecció

yareɛ nsaeɛ

virus

yaremmoawa

VIH / SIDA

HIV / AIDS

medicina

aduro

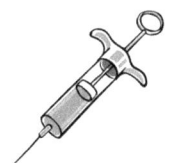

vaccí

nsianoaduru panɛɛwɔ

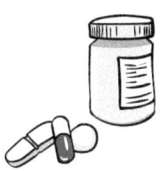

comprimits

nnuro a wɔmene

pastilla

aduro a wɔmene

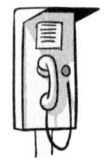

trucada d'urgència

putupru frɛ

tensiòmetre

afidie a wɔde hwɛ sɛdeɛ mogya di aforosane

malalt / sa

yareɛ / ahuɔden

hospital - asopiti

urgència
putupru

Socors!
Boa me!

assalt
repira obi

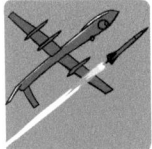

atac
to hyɛ biribi so

perill
amaneɛ

sortida d'urgència
kwan a wɔfa so pue berɛ asɛm asi putupuru

Foc!
Egya!

extintor
adeɛ a wɔde dum gya

accident
akwanhyia

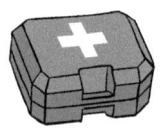

farmaciola de primers auxilis
mmoa a edikan akadeɛ

alarma
alam

SOS
SOS

policia
polisi

terra
Ewiase

Europa
Europe

Amèrica del Nord
North America

Amèrica del Sud
South America

Àfrica
Africa

Àsia
Asia

Austràlia
Australia

Atlàntic
Atlantic

Pacífic
Pacific

Oceà Índic
Indian Ocean

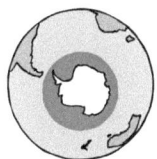

Oceà Antàrtic
Antartic Ocean

Oceà Àrtic
Arctic Ocean

pol nord
North Pole

pol sud
South Pole

Antàrtida
Atartica

terra
Ewiase

país
asaase

mar
ɛpo

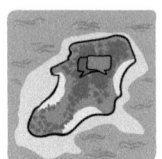

illa
ɛpoano

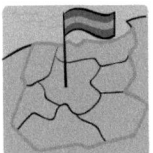

nació
ɔman

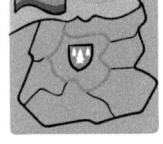

estat
ɔman

rellotge
mmerɛ kyerɛfoɔ

quadrant
mmerɛ kyerɛfoɔ no anim

agulla de les hores
dɔnhwere nsa

agulla dels minuts
sima nsa

agulla dels segons
anitetɛ nsa

Quina hora és?
Abɔ sɛn?

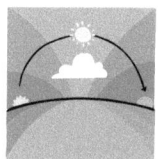

dia
da

temps
mmerɛ

ara
seisei ara

rellotge digital
abɛɛfo mmerɛ kyerɛfoɔ

minut
sima

hora
dɔnhwere

setmana
nnawɔtwe

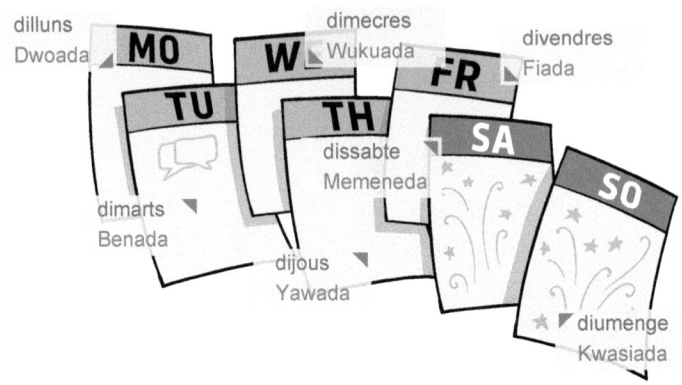

dilluns — Dwoada
dimarts — Benada
dimecres — Wukuada
dijous — Yawada
divendres — Fiada
dissabte — Memeneda
diumenge — Kwasiada

ahir
ɛnora

avui
nnɛ

demà
ɔkyena

matí
anɔpa

migdia
awia

tarda
anwummerɛ

dia feiner
adwuma nna

cap de setmana
nnawɔtwe awieɛ

any
afe

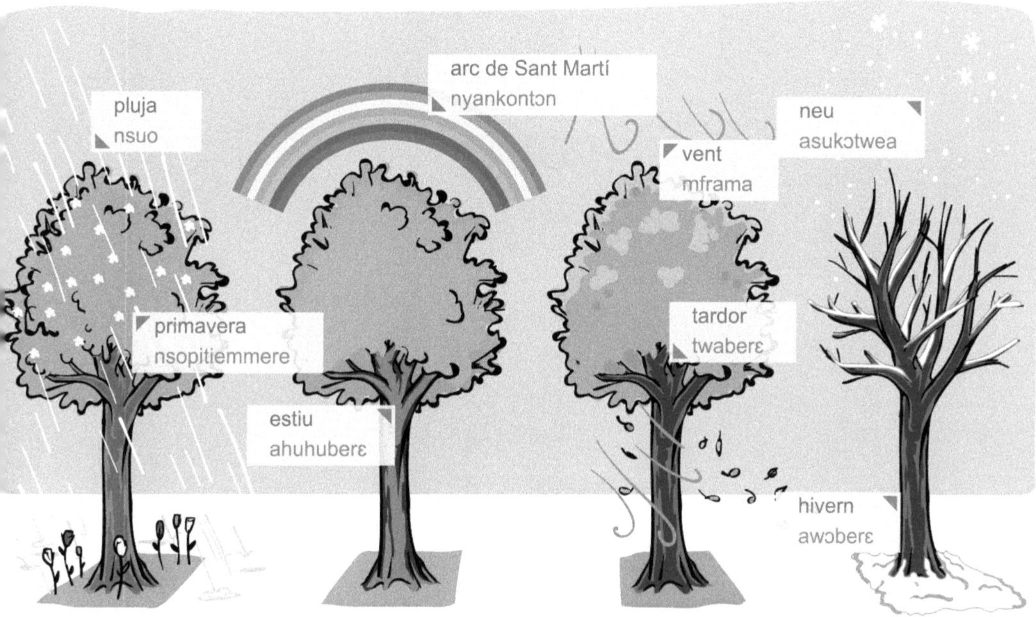

pluja
nsuo

arc de Sant Martí
nyankontɔn

neu
asukɔtwea

vent
mframa

primavera
nsopitiemmere

tardor
twaberɛ

estiu
ahuhuberɛ

hivern
awɔberɛ

pronòstic del temps

ewiemu nsesaeɛ

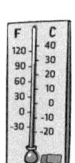

termòmetre

afidie a wɔde hwɛ ahoɔhyeɛ

llum del sol

awiabɔ

núvol

munumkum

boira

ɛbɔ

humitat de l'aire

nsuo a ɛwɔ mframa mu

llamp

ayerɛmo

tro

agradaa

tempesta

nsuden ne mframa

calamarsa

sukɔtwea

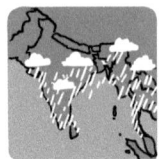

monsó

mframa a ɛde nsuo ba

inundació

nsuyiri

gel

asukɔtwea

gener

❒pɛpɔn

febrer

❒gyefoɔ

març

❒bɛnem

abril

Oforisuo

maig

Kotonimaa

juny

Ayɛwohumumɔ

juliol

Kitawonsa

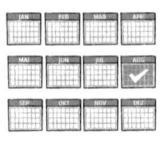

agost

❒sanaa

any - afe

setembre

ɛbɔ

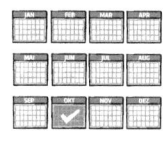

octubre

Ahinime

novembre

Obubuo

desembre

pɛnimaa

formes
bɔbea

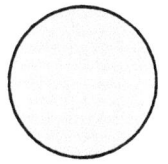

cercle

kanko

quadrat

ahenanan

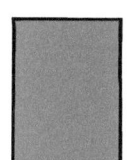

rectangle

fasene

triangle

ahinasa

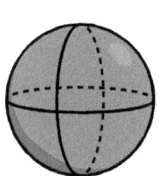

esfera

kanko

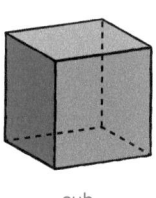

cub

ahenanan

colors
ahosuo

blanc
fitaa

groc
akokɔsradeɛ

taronja
akokɔsradeɛ

rosa
memen

vermell
kɔkɔɔ

lila
beredum

blau
bibire

verd
ahabanmono

marró
dodoeɛ

gris
nson

negre
tuntum

oposats
abirabɔ

molt / poc
bebree / ketewa

emprenyat / tranquil
abufuo / brɛo

bonic / lleig
fɛfɛɛfɛ / tantantan

començament / fi
ahyɛasee / awieɛ

gran / petit
kɛseɛ / ketewa

clar / fosc
ɛhyerɛ / ɛdum

germà / germana
nua barima / nuabaa

net / brut
ɛho te / ɛfi

complet / incomplet
wawie / onwieeyɛ

dia / nit
anopa / anadwo

mort / viu
wawu / ɔtease

ample / estret
emu bue / emu mmueɛ

comestible / immenjable

yetumi di / yentumi nni

dolent / amable

bɔne / papa

entusiasmat / entediat

anigyeɛ / w'ani nka

gros / prim

kɛseɛ / hwea

primer / darrer

di kan / ka akyi

amic / enemic

adanfo / atanfo

ple / buit

ayɛ ma / hwee nnimu

dur / tou

dendenden / mrɛmrɛmrɛ

pesant / lleuger

emu ye duru / emu yɛ ha

gana / set

ɛkɔm / nsukɔm

malalt / sa

yareɛ / ahuɔden

il·legal / legal

ɛnfa mmrakwanso / mmrakwanso

intel·ligent / ximple

nimdifo / gyimifo

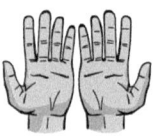

esquerra / dreta

benkum / nifa

prop / llunyà

ɛbɛn / ɛmu ware

nou / usat
foforo / dada

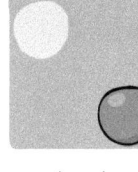

res / quelcom
ɛnyɛ hwee / biribi

vell / jove
panyin / abɔfra

encès / apagat
sɔ / dum

obert / tancat
bue / yatom

silenciós / sorollós
dinn / dede

ric / pobre
sikani / ohiani

correcte / incorrecte
papa / bɔne

aspre / suau
wewerɛwewerɛ / tromtrom

trist / content
awerehoɔ / anigye

curt / llarg
tiatia / tentene

lent / ràpid
brɛoo / ntɛm

humid / sec - eixut
afɔ / awo

calent / fred
ɛyɛ hye / adwo

guerra / pau
ntɔkwa / asomdwoe

oposats - abirabɔ

nombres
nɔma

0
zero
ohunu

1
u
baako

2
dos
mmienu

3
tres
mmiensa

4
quatre
nan

5
cinc
num

6
sis
nsia

7
set
nson

8
vuit
nwɔtwe

9
nou
nkron

10
deu
du

11
onze
du-baako

12 dotze
du-mmienu

13 tretze
du-mmiensa

14 catorze
du-nan

15 quinze
du-num

16 setze
du-nsia

17 disset
du-nson

18 divuit
du-nwɔtwe

19 dinou
du-nkron

20 vint
aduonu

100 cent
ɔha

1.000 mil
apem

1.000.000 milió
ɔpepe

nombres - nɔma

llengües
kasa ahodoɔ

anglès

Brofo kasa

anglès americà

Amerika Brofo

xinès mandarí

Chinese Mandarin

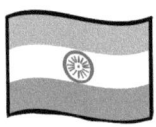

hindi

Hindi

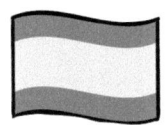

espanyol

Spanish

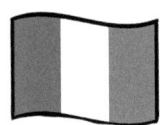

francès

French

àrab

Arabic

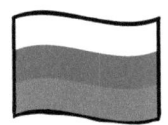

rus

Russian

portuguès

Portuguese

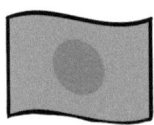

bengalí

Bengali

alemany

German

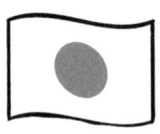

japonès

Japanese

qui / què / com
hwan/aden/ sɛn

jo
me

tu
wo

ell / ella / allò
ɔno

nosaltres
yɛn

vosaltres
wo

ells
wɔn

qui?
hwan?

què?
aden?

com?
sɛn?

on?
ɛhefa?

quan?
dabɛn?

nom
din

on
hefa

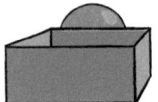

darrere

n'akyi

en

ɛmu

davant de

wɔ n'anim

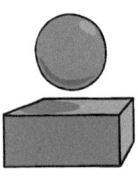

sobre

soro

a

so

sota

aseɛ

al costat

nkyene

entre

ntam

lloc

fa hyɛ